AF280023

In Limine

Kaline von Bose

Kaline von Bose, geboren 1963, ist und war in allen Bereichen der Geisteswissenschaften und angewandten Kunst tätig, studierte Literatur und Sprachen zeit- und kulturübergreifend.

Sie ist gebürtige Münchnerin, lebt und lebte hier und in Berlin.
Und sie schreibt seit schon eigentlich immer, vor allem Gedichte.

Ihre Heimat ist ihre Sprache, ihr Glaube genauso.

meinem Sohn Hans Philipp.
meinem Mann Hans-Jürgen,
meinem Bruder Hans Christian,
meinem Onkel Hans Dietrich,
meinem Großonkel Hans Bernd,
deren Frauen
und
allen anderen Ungeheuern,
nicht nur namens Hans,
dir.

in Liebe

Die Deutsche Nationalbibliothek verzeichnet diese Publikation in der Deutschen Nationalbibliografie; detaillierte bibliografische Daten sind im Internet über dnb.dnb.de abrufbar

Herstellung und Verlag: BoD – Books on Demand, Norderstedt

ISBN: 9783757811020

<u>Prolog</u>

Zu nah,
zu fern
zu bla
(knapp daneben ist auch vorbei).
Zu. ja, ja: zu / an / bei: ad.
Viel zu an, (vor-)bei.
ad, AD: außer Dienst, anno domini, alter
Depp - was auch immer.
Abkürzungen halt.

Eine
UNTIEFE.
Was für ein Wort: Wieso "Un"?
Sind denn Unkosten billiger als Kosten?
Was für ein Unwort (gekürt oder nicht).

Nicht, wie üblich Herz, Seele, Schmerz.
Alles ohne-
hin
bestritten: alles Hysterie
(Hymen im Frauenbauch),
wirklich Herz, Seele, Schmerz.

Das Vater-Familienwort
für die Mutter-Familie:
"Ferz"
(dialektal pfälzisch, heißt: Unfug, Quatsch;

gibt's auch "mit Krücken", man denke sich
seinen Teil).

Tot aber
ohnehin alle
oder anderswie weg.
Nur noch Spuren da
von ihrem Hineintreten in mein:
Was ich sein hätte werden solln früher...

Dann meine Wegwisch-Versuche,
mein verplemperndes Schön-Tun.

Bleibt dann nur der Geruch,
das Putzen des blutigen Schlüssels, der
zum siebten, verbotenen Zimmer führt.
Blaubart, Rapunzel und Asche.
Mein Zuhause jetzt, voll davon, bleibt.

Bleibt ein Kind,
das nicht wohnen mag dort,
sich nicht passen will mehr,
endlich bleiben und
endlich ganz weit ganz fort.

Das öfter traurig ist
(bei aller Intelligenz
und bei allem bewahrten Humor,
sogar dem Sinn für das Bunte
und seine Ordnung),

trist.
Wär da nur
dieses Stiefelpaar auch
knapp daneben
getreten.

Polarwolf:
stahl-
blaue Glut.

Der Hindin aus-
gelieferte Flucht,
der Himmel,
der Schneesprung,
das Maulvoll
Blut -

stahlblau,
Polarwolf,
die Glut.

<u>Densa e grave</u>

Weißt du: Es sind
nicht die Wolken.

Wenn er sich nur
ein wenig mehr zu neigen
gewagt hätte,

von alpha nach omega
oder a nach dem alten z etwa -,

dann hätte er mit uns sprechen,
mit uns essen und trinken können.
Den Horizont auch küssen.

Doch so
schürzt er die Lippen,
der schamvolle Mond,
und mündet nur
hinter den Wolken.

Zonenrandgebiet

Brücke, Berlin, keine
Luftbrücke, Glienicke,
Gefangenenaustausch
im so kalten Krieg.

Der Stich des Skorpion.

Im Zonenrandgebiet gehen übrigens
Frauen besser vor ihren Männern,
es könnten ja Tretminen liegen.

Immer und überall nur die Frage,
wer denn zuerst hochgeht,
er oder sie oder
umgekehrt,
wer: Wir.

So etwas gibt es und gab es übrigens an
anderen Orten und zu anderen
Zeiten immer und überall auch.

Glienicke, Brücke,
jetzt woanders und umbenannt,
im Zonenrandgebiet,
als Symbol für eine vermeintliche
Wiedervereinigung, für einen Austausch,
wie und wo auch immer.

Zonenrandgebiet und die
alten Anlagen, Türme und so
zur Erinnerung
an das sinnlose Sterben,
überall.

Jedes Mal
drei Kreuze beim
Grenzübertritt
von West nach Ost,
umgekehrt sicher viel mehr.

West-östlich keinesfalls
Diwan und
wenig Ruhe.

So gern würde ich
eine Nacht schlafen
auf Diwan, auch ohne nichts.

Enttrieben
den neonlichthohen Fabriken
einer stampfhammerdröhnenden Kindheit
auf der Suche nach einem Vaterort
ward ich zurückgelassen von ihm
ohne Eigenschaften.

Renaissancemensch
schuf ich mich
im Taumel der Messbarmachung
zum Fluchtpunkt
der Zentrifugen
gottgleicher Maschinen
und einsam.

Im Innern dabei
bodenlos und verängstet
erhöhe ich
zwischen Liebe, Pflicht und Prostitution
den Erfüllungseinsatz
ohne Erfolg.
Begehrlich die Blicke
Neidender und Versicherter,

doch die entseelte Rezeption
meines samtenen Kartenhauskörpers
bearbeitet alle Anträge
zwangsläufig
unbefriedigend

<u>Carneval</u>

lieben ach liebe
nacht lieben acht
am helligen nach
mittag oder auch am
abend (morgens selten)

ich verspreche dich
hoch und heilig ich
liebe dir von jetzt
sofort an mindestens
hunderttausendmillionen
jahre lang jeden
morgen jeden abend
und mittags und nachts

ich will dich für jetzt ganz und
gar nicht mehr klarkommen mit
diesen ganzen gefühlen streicheln
küssen lachen haschich rauchen
und zigaretten reden streicheln
küssen anschauen reden trinken
lachen ach nacht lieben küssen
den ganzen tüll tigerschlangenmist
ausziehen runterziehn lachen deine
farbe in meinem gesicht meine farbe
in deinem gesicht elender farbbrei
in gesichtern weiße nasen spitzen

lachen lieben lächeln deine augen
streicheln tanzen haut und
wach sein nacht dein schlafen
streicheln die haut du mit
deiner hauptfrau und den vielen
nebenfraun wach nach dieser nacht
alleine auf morgen früh.

fortgehen mit deinem geruch
in der weißen nase wärme deiner
auf meiner haut und mit
zwei verschiedenen schuhen.

Salpeter

Zum ersten Mal aufrecht
und fraglos
vor deinen Spiegeln
nehm ich ganz langsam,
voll Sorgfalt,
dein Gift.

Dass es jetzt
immer werde und
nicht wiederkehre
wie Schlaf, dass
dieses Imperfekt ende,
dass.

Dass, einzig noch,
immer noch dass.

Mit ihm
bricht jetzt plötzlich
Entsetzen
ins stille Schlucken
und Angst, dass noch Worte
der Deutung verfallen
und Blicke und Gesten
deiner Erinnerung, dann.
Bricht ein Fieber hinein,
noch zu ordnen, erklären, verbrennen,

ein Weißes zu finden
für eine Nachschrift,
ein ich wollte, ich will, doch
es bleibt ja kaum Zeit mehr,
es gibt hier kein Blatt, kein Papier,
auch kein Wort für den Anfang,
ich wollte, ich will und
dies dass.

Mit ihm geht es zurück und dann
weiter, wie immer allein
und noch immer umgeben
von deiner Geschäftigkeit,
dass.

Du schöne und warme
Sehnsucht mit mir allein
in allem und einem
überlieben wir endlos.
Und an Allerheiligen
oder an allerspätestens
fahren wir
über die messbare Zeit
und den Raum hinaus
nach woanders vertraut,
verführen Gefühle,
überleben Momente,
lassen sie schweben,
knüpfen nicht an,
geliebte Sehnsucht,
halten nicht fest,
doch den Atem an
in den Betten der Vorstadt.

Durch unsere Fenster
nähert sich, spiegelt
sich blau in den Augen,
den Blicken des Bruders
das ferne Ufer.
Mein Stattprinz,
kleiner Misanthropenkönig,
sei Frosch,
verbirg deine Schwimmhäute
ungeküsst.

Anatomie

Was ist klein,
was ist groß,
wenn du atmest?

Leiser du
laut auch
die Räume
ausfüllen lässt
mit deinem Atem.
Aussingen, ausspielen und
Weiser, du, leise,
ihnen doch überlässt,
sich zu öffnen.

Was ist groß,
was ist klein,
wenn dich Kindermund
wahr,
liebevoll,
strahlend

"Schnecke" nennt?
Ganz junger Knabe,
dich im Ansturm erkennt und - selbst ein
Schneckenprinz -
dich seinen heimeligen Vorfahren weiß.

Was meint das,
klein und groß,
offen, zu?

Schneckenfühler sind
richtbar nach überallhin.
Immer rückzugsbereit, wie ihr Leib,
der unverletzt über die Dornen
geht, wenn der Schneck dann sein
Wirbelhaus
hauchdünn mit einer Membran
verschließt.

Selbst nicht singt
oder spielt
(nicht Posaune oder Trompete, schon gar
nicht Flöte),

wie die Muscheln,
die uns das Rauschen
der Meere bewahren.

Für immer.

<u>Riesenrad</u>

Der Himmel
spuckt Himmel,
spukt sein dein mein
Charonsmeer unser,
die Wüste,
Babel spuckt
Himmel über Berlin.
Ein Engel schwebt schweigend,
kein Blut, nirgends Babel.

Mein kleiner Sohn
lacht. Künstlich,
die Angst,
spuckend lacht Babel,
turmhoch verwirrt,
der Engel,
mein kleiner Sohn
versucht,
was zu retten.

Das hat er von mir.
Lachen Engel? Ich schon.
Um so schlimmer es ist, um so mehr.
Lacht denn Babel?

Keine Angst, sage ich
dem Himmel und Babel und meinem

Sohn.
"Monster"
ist nur der Name für etwas,
das zeigt.

Riesenrad dreht sich und oben
ist eben mal oben und
eben mal unten.
Die Zeit herrscht und endet
im selben Kreis. Und
Monster verspuckt
seine roten Waggons
doch ganz leer, kleiner Sohn,
erst mal leer.

<u>**einmal eins**</u>

in hades ge
danke
der elemente
vier
ver
abschiede
ängste

du ich
mein engel
einer steigt
einer fällt
macht drei

weit ganz weite
ferne geträumt
himmel und meer
am horizont zu zweit

du liebe bist
gerne
all
ein.

rotwein kelche bitternis
schreibst du rache
spiegel schreibe ich
tun wir jeder schritte schritte
tausend schrittchen
schritte schnitte
isst die schnittchen du
trinken weißwein wir
nicht bitternis
wissen neigen
das gewisse schweigen
wissen schweigen dass
der weg ist doch unendlich lang

(schön bist du weg)

zwei wir punkte
jeder ohne masse
wie dazwischen auch die
linie schneiden
schreiben scheiden
uns stellen einige
fragen immerhin nicht

schwerelos fallen
und aufsetzen auf
katzenpfoten im wilden
wilden dschungel
leben.

<u>**Anfang**</u>

Immer
ganz am Anfang
spurt
eine Sehn-
sucht zur Seite,
weicht

ein Blick
zurück nach dem Ur-
sprung:
Wo es anhebt
und sich verliert.

Senkt sich
dort allein
wieder
nach vorne
zurück.

Immer wieder
ganz am Anfang
sehen, dass
kein Kreis,
keine Linie
Schatten wirft
in den Sprung.

<u>weiße magie</u>

mitten im stadtgrau
liest ganz alleine

vergnügt
die hexe in kaffee
und rose und hand

weiß bescheiden
lächelt den kleinen
mädchen gleich

setzt ein vertrauen
neben das strudelnde
hoffnungsblau

zwischen himmel
und meer einfach
den weiteren horizont,
der nach aufrecht
geneigt die linie
       giacometti

ihres wunderbar
langen halses

ins unendliche fortführt.

<u>Sicambre</u>

Neige
dein Haupt.
Bete.
Verbrenne.

Du beugtest
das Hart-Herz
im Dich-
Fall.

Nur einmal:
Der Wind
schlug Gemeines
an deine Seele,
ein Satz schnitt
die Stille dir aus.

Nun neige
dein Haupt.
Wirf alles
fort.
Verbrenne.

Und bete.

Incognito

Vor Jahren schon einmal in Stuttgart.
Im Kellergeschoss irgendeines Cafés,
unter der Treppe zur Öffentlichkeit,
tief verborgen, im Dämmer verkeilt,
für eine Weile dort abgelegt
oder schnell aus dem Wege geschafft
als ein selten verwendbares Requisit,
unzeitgemäß und ganz fehl am Platz:
ein schwärzlicher Obelisk.

Dein Relikt, du mein fernes Ägypten,
du von mir nie betretenes Heimatland,
du Land aller Weisen, Katzen und Frauen,
Urahnin meines versunknen Geschlechts,
du Schwemmland des fruchtbaren Deltas,
du Wüstland aus glühendem Sand,
du Land meiner Liebe zum getöteten
Bruder,
mein nie gesehen verschollenes Urland
du,
du Land aller Wandlung aus Asche und
Schlamm,
heiliges Land des dreimächtigen Hermes,
mein Zwillingsland du, Schmelztiegelland
unter meinem Gestirn!

Dieses Jahr nun noch einmal in Stuttgart.
Verheimlichte Stunden der Liebe

im Obergeschoss irgendeiner Pension.
Sonnendurchflutet die weißen Stoffe,
lichtgeboren die Schattengestalt,
dies ortlose, zeitlose Wir -
vertuscht und verdunkelt, öffentlich dann
mein beherrschtes Gesicht auf der Probe
zu deiner Musik.

An einer freien Wand meiner Wohnung
jetzt
rahmenlos hinter entspiegeltem Glas,
Bild mir zunächst und nicht Text,
deine Niederschrift eines Entwurfes
zum Labyrinth:
Zahlen, Striche und Noten, die mir
unmöglichen Zeichen von deiner Hand,
ein Blatt voller Hieroglyphen
und doch auch ein Stein von Rosette,
denn unter den Chiffren und Siglen
inmitten des Irrwegs ist da noch
ein Sprachrest,
wie eine Widmung zwei kleine Wörter,
die ich zu gut nur verstehe:
dal niente.

Gespräch

Du fällst durch die Wörter.
(Wie deine vielen Geliebten
sehen sie sich behandelt:
in mächtigem Aufruhr erobert,
haltlos und flüchtig begehrt,
auf deine Schwellen verwiesen,
gebraucht, oder, ach, nur gebraucht
und womöglich, wo möglich
jeden Moment ersetzt.
Das ertragen sie nicht, die Geliebten.)

Sie ertragen dich nicht,
deine Wörter:
Sie weichen einander zu schnell,
dich zu begreifen, begrenzen,
wie du es verhinderst, verlangst,
dich festzuhalten
in einer Struktur,
dich freizusprechen
von deiner vermeintlichen Schuld,
unfassbar zu leben.

Du schwindelst.
So ernsthaft und aufrecht,
wie sonst nur ein Kind.

Wir, meine Wörter und ich,
die dich liebt,

lügen anders.
(Wie kluge Frauen,
die schweigen im Sprechen,
weil sie zu viel und zu wenig,
zu lange schon wissen.)

Luftgeschöpfe sind wir,
ohne Wurzeln
in diesen Tausch geworfen,
heißen wir alles und nichts,
verweigern wir, was wir erfüllen,
verorten uns selbst auf den Grenzen,
die wir nicht setzten, nicht halten.

Anders als du
widersprechen wir uns.
(Wir sind früh verwaist
und wir waren nie Kind.)

JuNKER

Drei Söhne
hieß immer bei uns:
Einer erbt die Verantwortung für das Gut,
einer dient der Kirche und der Gemeinde,
einer dem Staat, als Soldat erst, dann
Offizier.

Mein Vater, verfluchter
Jahrgang 1923,
gerade noch Abitur,
fünf Jahre Krieg,
wohin und wofür,
nochmal fast fünf Jahre
Gefangenschaft, Köhtla-Jarwa,
gefangen auf angeblich
neutralem Boden,
den Flieger stets runterbringen,
und keinesfalls opfern,
die Me oder Ju,
lieber sich selbst.
Stoi und Kartoffelschnaps,
gebrochen die Finger und Nägel,
schon von der Wurzel an.

Es waren immer zwei,
einer am Schießen
im Bauch und
einer am Fliegen, erzählte er mir,

als ich ganz klein noch
versuchte, was
für seine Nägel zu tun.

Mein Vater war Flieger,
sehr krank nach dem Krieg,
gescheitert
am Trümmerfeld, das mal Zuhause war,
alles tot und kaputt,
keine Kontrolle mehr
über die Ausscheidungen,
Katastrophe, total,
was man besser nicht mehr schreibt oder
sagt.

Meine Großonkel,
Erzprotestanten,
Kreisauer Kreis, 20. Juli,
einer machte die Bombe scharf, weil man
das
mit insgesamt einem Auge und
drei Fingern
schlecht kann,
auch wenn man Wagner
liebt und eingangs gedacht hat...
Der eine, der warf sich im Bendlerblock
mit an die Wand gestellt in die Kugeln für
ihn,
für das Heilige Römische Reich Deutscher
Nation.

Der andere endete am Fleischerhaken
in Plötzensee,
Tonaufnahmen davon für
den Führer, privat, der
zum vierzigsten Mal
Schwein gehabt hatte,
gehörte wohl nicht zur Familie.
Der, wie alle peinlich befragt, die
Schauprozesse
beendet hat mit: "Hitler ist ein Vollstrecker
des Bösen".

Seine Frau mit
den vielen Kindern,
die wie bei allen Kreisauern
weggesperrt, angepasst und gebessert
werden sollten,
sie hat das Zuchthaus nur überlebt,
sagte sie mir,
weil sie deutsche
Balladen
auswendig konnte und sie
sich unermüdlich
vorgebetet hat.
Nicht nur Schiller.

Als der junge Kleist,
der in Nürnberg
die Bombe in seiner Tasche
noch schnell entschärft hatte,

weil der Führer unerwartet gehetzt
durch germanische Kunst rauschte,
"verhandelt" wurde,
bombte man
einen Balken auf
auf Freisler, den Schreier.
Jawohl, Prinz von Homburg.

Mein Schwiegergroßvater
mal eben, im Rahmen einer "Säuberung"
durch die SS
mit sieben Kugeln
von hinten erschossen,
Ehering an die Frau,
die Leiche in einen Teppich
gewickelt, er wollte
nur nochmal zum Amt,
preußische Abwehr,
Zentrum und keine SA,
die Familie saß noch
zu Hause auf Koffern,
wartete auf Wegfahren
zusammen, die See,
wartete lange.
Die Frau
wurde ziemlich verrückt,
alle weggesperrt unter Nazis.

Mein Onkel,
der liebste mir,

Flieger, auch er.
Oberstleutnant im Generalstab,
Führungsakademie,
Lehrer des
Fliegens und Segelns.
"Weißer Jahrgang".
Im Heim dann, zunehmend
schwellfüßig, dement,
jetzt verstorben.
Was hab ich als Kind
planlos Düsenjäger
am Himmel gegrüßt.
Was haben wir uns
Gedichte geschickt,
was uns bekümmert,
Weihnachten etwa
oder auch sonst.
Seine Frau,
massiv Parkinson,
ewig nicht gesehen,
fahr da jetzt hin mit dir,
Gott sei Dank.

Du jetzt: Oberleutnant
der Luftwaffe a.D.,
Bergwacht und DLRG,
Retter, Jäger, autark, immer in der Natur,
den ich zufällig im Stadtpark getroffen,
du passt da draußen
und daheim auch

gut auf mich auf.

Krähen, die "sorbische Luftflotte",
zeigst du mir, fliegen nicht nur,
haben nicht einmal Hände, aber
sind wirklich sehr schlau.

Schlauer als ihr, die ihr Namen zerstückelt
und
euch lustig macht über uns
Junker.

<u>Transit</u>

Transit,
leicht-
hin deine Neigung:
immerzeit überallort zu-
gewandt wie
niemals und nirgendwo,

Zwischenraum-Ich -.

Späh nicht:
Ein Windschatten zieht dir
über die Spuren,
ein Meerblau kehrt dir
zurück auf den Sand,
ein Himmel füllt dir sich
mit unvordenklicher Tiefe.

Frag nicht:
Was betrifft
schon eigentlich
flüchtiges
dich,
Zwischending: Ich.

Die schöne Wüste
hat mein Haus gefreit.

Der Phönix
küsst den Abendstern.

Gib Asche mir
von deinem Flug,
für meine Reise
schweren Wein.

Füll meines Dunkels Kelch.
Gib Sand hinzu
von deinen Augen:

Ich breche auf.

Die schöne Wüste
hat mein Haus gefreit.

Trink
dieses Eis.

Wohin fliehst
ausgesetzt
deinem Durst
ausgeliefert
du.

Kein Schatten
verwurzelt,
kein Toter
dich hier
in der Gegen-
wartswüste,
im Winternachts-
reich
keine Sonne:
nur stahlblau
des Jagd-
auges Glut.

Trink:
Der Polarwolf
reicht dir
sein Wasser.

Wovor fliehst
gierig du.

Ein Schneesprung:
zu Boden geworfen
der Himmelsfetzen,
ein Lachen,
das Maulvoll
Blut -

Trink
endlich dich.

... ou la question du père   I

Vater,
der Du bist im Himmel,
im unend-
lichen Blau, ich
habe Deinen Ort erst
und schwellfüßig, ohne
zu wissen,
eingenommen,
als Du,
die Macht und die Kraft und
die Abwesenheit,
ihn schon lange
und schweigsam, un-
angekündigt
verlassen hast.

Nichts tat Dein Scheiden
zu meinem Gedächtnis.

Dein Schatten,
die Spur, die Du noch
zwischen uns warfst
im Gehen, grenzt mich nicht.
Nicht von mir, nicht
von Dir, nicht
von der Deutungsklippe:
Geheiligt werde dein Name.

Nicht
vom Selbstzerstörer,
der am Rande
der Brücke steht
und wartet,
dass Wasser wird
und Vergessen
dort unter ihm
im Niemandsland,
dass er
etwas richten kann,
sich, seinen Blick.

Hic transit.

Transit hier,
wo kein Wasser wird
und kein Sprung,
kein Vertrag, kein Gericht,
wohin Du mich stellst,
deines Totseins Tochter,

nun unerreichbar
geworden wie Du,
der sich kampflos,
wortlos, lieblos
entzogen hat.

... ou la question du père   II

Vater, der Du Dich
entzogen hast,
damit wir Dir opfern,
siehe:
Mein Feuer steigt senkrecht
und ohne Rauch.
Ich bin
nicht meines Bruders
Hüterin, habe
ihn nicht erschlagen.

Unterscheide Du mir
nicht noch Selbstmord
von Mord.
Und frage mich nicht,
wo er ist;
frag ihn selbst.

Brenn mir
kein Zeichen in meine Stirn,
verletze mich nicht mit den Namen,
die Deinem ungenannten
zu ewigem Leben verhelfen.

Niemand hat unbefleckt
von Dir je empfangen.
Deine Sprache hast Du

mir eingedrückt; Strafe
genug für keine Sünde:
Ich hab nicht Dein Ebenbild,
sondern das Sprechen versucht,
bei Dir nach dem Wort gesucht,
das der Anfang ist;
unausgesprochen und
unaussprechlich habe ich
lieben wollen,
denken müssen
und schreiben.
Strafe genug.

Frage mich nicht
nach dem Bruder.
Frag ihn selbst, wo er ist.
Was ich ihn nie gefragt,
warum und wohin er gegangen,
geht ihn allein an.
Es wird gut sein.
Also frag nicht.

Ich spreche nicht mehr
in Deinem Namen,
fliehe und opfere nicht,
werde bleiben.

An den Resten der Glut
verbrenne ich welkes
Weinlaub aus seinem Garten -

und siehe:
Mein Feuer steigt senkrecht
und ohne Rauch:
Ich mach Dir kein Zeichen.
Ohne Antwort auf eure Abwesenheit
werde ich einfach bleiben.

Die Toten
werden nicht immer
die Sieger sein.
Auch Du nicht.

<u>**Flut**</u>

Plötzlich überall Wasser.

Ein Kind.

Die Augen blau
unterlaufen,
schwarz
und ganz leer:

spricht nicht mehr.

Mutter und Zwilling
haben es nicht geschafft.

Und es selbst
mit dem Vater,
von ihm,
auf einen Baum
        gerettet,
wenn man so will.

Keine Sintflut,
heißt es
in den Nachrichten,
dann

Auf dem Kinderspielplatz

Weit und breit keine Notrufsäule,
nur haushohe Klettergerüste mit
Absturzgefahr und
furchtbare, gepflegt ignorierte Aggression
unter Kindern, den Kleinen,
weit und breit keine Mütter mit Handy,
die strahlen nur ungut, sagte man damals
mir,
frau ließ sie besser zu Hause, jedenfalls
nicht in der Tasche, der Beckengegend,
wo
das Baby doch einmal aufwuchs
und herkam.

Der Notruf für kleine Kinder
ist einfach
besetzt. "Hinterlassen Sie eine
Nachricht..."

Mein Sohn krampft ganz
plötzlich, ganz furchtbar
auf diesem Spielplatz,
er wollte zur Schaukel,
nur schaukeln.

Jetzt liegt er
zuckend und zitternd
im nasskalten Sand.

Ich leg ihn stabil
in die Seitenlage,
mich darunter,
weil der Sand da
noch immer zu nass
und zu kalt ist von unten.

Meine Wärme,
was retten; zufällig
kommt wer mit nem Handy
vorbei, den ich kenne,
und ruft einen Notarzt,
der kommt,
hilft uns und
wir fahren zusammen ins Krankenhaus,
geben dem Vater Bescheid,
der nicht da ist, weil er arbeiten
will und muss.

Und übrigens:
Wir haben es alle
dann
ganz gut geschafft.

Fliehe,
Fisch.
Verschweige
im Sprechen.

Du streifst
wie ein Wolf
ohne Rudel
durch Kaltes,
betriffst,
wo sich Fluchtwege kreuzen,
ungezielt mich.

Dein Gruß dort
fällt wortlos
auf anderen Grund.

Ihn nicht zu deuten,
ihn nicht zu erwidern,
fliehe und such ich
das Ufer. Schweig dort
im Sprechen auch ich,
Stelze im Fluss.

Will dir im Trinken
die Wasser nicht trüben,
auch wenn sie gegenläufig
und stumm.

Der alte Fluss
trat so mächtig
über sein Ufer.

Vom trunknen Erkennen
das Nachtauge
leuchtend und klar,
wollte, bei Tage
doch blind, dir
wieder begegnen
auf Brücken.

Blickscherben unten
im Spiegel,
zersprungen am Fehlen
des tiefen Geleits
zum hochhöchsten Ton;

Reflexe, gebrochen
am Schattengesetz,
das dir Zeugschaft versagt...

Der alte Fluss
strömt so gleißend
unter der Brücke
und

dein Reich ist so dunkel
bei Tag.

Gebet

Blende mich,
Ferner,
bei Tag nicht
am flimmernden Blau
einer hoffenden Stunde.

Schließ mir
am Abend,
wenn es müde vor Sehnsucht,
behutsam
mein Auge.

Kehr bei mir ein,
wenn es dunkelt,
nimm mich
und gib
einen Augenblick mir
meine Seele zurück.

Verletze mir nachts,
wenn Du fort bist,
im Traum nicht
mein Auge
an einer Scherbe von Dir.

Wende mir
über dem Schnitt,

der uns trennt,
meinen Blick,
dass er sieht:
Auch Du
kannst die Wunde
nicht heilen.

Doch still mir
im einsamen Frühlicht
das Bluten des Messers.

<u>Bastet</u>

Zurückgekehrt
in die Ahnung,
katzen-
gestaltig
behutsamer,
leiser Schritt aus
nördlichem Dunkel,
zurück
an das Ufer,
ein Zögern,
allein-
gängerisch,
vier schon von sieben
Leben vertan,
unterwegs noch
ein Zögern, sehr
bedächtiges
Stemmen in Erde,
zum Sprunge
verharrt
spannen sich Muskeln
ans Ufer,
die Schwelle,
grenz-
geboren
nie überschritten
betreten umkreißt,

in das Ufer geduckt,
ein Lauern
geschmälerter Augen
- sträubt sich das Fell -
und darunter verletzlich
schimmert die nackte Haut,
nass schon von dir,
trunkener Fluss
ohne Brücke
in Spalten verborgener Quell,
kein Weg spurt durchs Delta,
haltlos ergießt sich der Strom,
weitet die saugende Mündung,
drängt in das offene Fluten
zurück in die Ahnung:
meer-
entstammt
niemals den Ursprung vergessen,
niemals zu schwimmen verlernt
in den Tiefen,
Fluss ohne Ufer mehr
führst du das fruchtbare
Schwemmland der alten Geschlechter.

Dein schönes Strömen
reicht ihr die Wasser,
du erkennst sie,
sie entspannt ihren Sprung,
springt -

Du, schöner Fluss,
bist ihr fünftes Haus.

Nur drei Dinge

Was man nicht ändern kann:

die Liebe,
die Zeit
und das Wetter.

Glaub einfach,
trau
dir und dich.

Zustände

Das Wichtigste hier,
nicht nur im Schul-
betrieb heute:
zunehmend laut,
viel zu laut,
fixiert strudelnd
und dummfrech
im Untergang:

Liebe und Sprache
vor allem
entsetzlich
geschändet.

"Nen Scheiß muss ich",
sagt das Erdmännchen auf den Rücken
gestreckt und den Bauch wohlig raus;
oder aufrecht, dann guckt es rechts-links
mal so rum, wie doch damals
mein Bruder, der Vogel, als es
bei dem Gastmahl um dich ging,
so oder anders, wie immer.

Eros im Dialog.
Hälftig, ganz, wer mit wem,
wozu und wohin denn?
Bisex und polytox, twins
and the double, wir stehn doch

angeblich zu nichts.

Die bunte Fahne
flattert jetzt
nicht nur den Trollen,
denen man da, wo
der Erdkern sich zeigt,
weiterhin Brücken baut, selbst
in Geysiren plantscht und
glaubt, einfach glaubt.

Eisland und immer die Meister
der Unruhe, leben wie wild,
Männlein, Weiblein,
Alles-Entdecker, Patchwork
und du, kleiner Wikinger,
reib dir die Nase:

Du kommst drauf, auf alles.

Übrigens steht da
ursprünglich "pace", "Friede",
auf dieser Flagge.
Aber again and again ist das wohl
wieder irgendwie anders gemeint
gewesen.

Ich gehe dann mal
meinen eigenen Weg.

<u>Offener Ort</u>

Hier wechselt das Licht
in einen anderen Himmel,
hier blättert der Herbst
in einem anderen Buch.
Der Wind hier
verweht Falsches.

Auch hier breitet nachts
sich die Stille schon
unter die Winterhelle
des Himmels, aber hier
hört man nicht,
wie anderenorts,
den Schnee durch das Mondlicht
kommen.
Denn auf dem Meer hier
und auf deinem schönen Gesicht
wird nicht liegenbleiben,
was verbirgt.

Noch immer hier Blauschimmer
im Rost einer Muschel,
die sich sommers,
im Rausch aller Wasser,
an Eisen geschmiegt,
nun ausgeworfen
die Spuren der Luft trägt,
unverschleiert von Sand oder Schnee.

Dein schönes Gesicht
ist ge- und nicht bezeichnet:
ein offener Ort.

Wenn ein unbedeckter Winter
vergangen sein wird,
werd ich dich grüßen, hier:

eines Tages alleine am Meer.

Fünf Erden

Zu spät sind wir
und doch
den steilen Hang hinab-
gekommen mit Schatten.

Aus der heiteren Horde
bleibt uns
ein stiller Tänzer allein.
Unter ihm nur die Steine
sind noch
voller zweigender Schrift.

Schon vertrocknet
und doch noch
verwurzelt im Fall
bekennt uns die Agave nicht Farbe,
verharrt in dem
schuldhaften Griff nach den Himmeln,
hat den Wassern ihr Opfer
noch nicht erbracht.

Zu früh sind wir
und doch
den steilen Hang hinab-
gekommen zum Meer.

Eine Welle kehrt wieder,
zieht prasselnd den Boden uns weg,

bringt die trunkenen Träume zurück,
die alte Angst und den Schlaf,
nicht hörbar, nicht sichtbar
den Ton, der zu tief ist,
das dunkel inwendige Rot,
den immerfort kreisenden Augenblick:

ein Jetzt aus
zu früh und zu spät.

Cesenatica

Ein ferner Spiegel
senkt seine Nebel ins Land,
auf Oliven und Wein und aufs Meer,
das zum Monde zurückkehrt.

Wenn du ihm nachsiehst,
schwankst du im Grau
ohne Boden, auf dem wir
so lange schon un-
ermüdlich noch gehn.

Dich noch zu versichern
im Nichts ohne Schatten,
im Allesgrau, in
der Summe von Farbe und Licht,
suchst du nach anderen
unter den Muscheln,
die endlos
die Sandgrenze säumen.

Uns schwindelt
im lauteren Grau.
Unser schweigsamer Weg
zwischen Himmel und Meer
ist so trunken vor Licht.

Gib mir

von deinen Muscheln:
Wir kehren nicht um.

Ritus

Du bist nicht gewesen,
schweige-
gewaltiger Meister
des Nichts:

unter den stygischen Wassern
nurmehr die Spur des
von der Stirne zum Schwanz
gespaltenen Fischs.

An den Ufern steht schlangen-
versucht, von den Göttern verstoßen,
selbst vom Satan verschmäht,
der Sklave der Sehnsucht und
Schwerkraft,
mit Überleben gestraft,
sieht er des Charons Kahn sinken
im Siegel der Schrift,
schuldig gemacht an der Sprache
von einem wortlos verschollenen
Schatten,
verstummt dann am Klippensaum
stürzt er nicht, sondern siecht in
ihrer Kälte kampflos sein Sterben.

Ich knie hier in seinem geschundenen
Körper,

raufe mir, wie du's befohlen, die Scham
und zerreiße
im noch überbrachten Zeichen der Trauer
mein Wortkleid.

<u>La morte</u>

Du bist einfach wiedergekommen.

Schon wirbelt ihr Tanz, neubefiedert,
durchs Fallen der Angst und der Zeit,
schon wirft sie den zierlichen Kopf
in das flüchtige Blau ihres Nackens,
schon breitet sie wieder die Arme
zum offensten, weißesten Kreuz -

Du bist fraglos wiedergekommen.

Das mit den Jahren geäderte Reich
kann sie nicht mehr fassen.
Sie schwebt, ganz bei sich,
leichtes Weiß aus dem Blau,
streifender Schmetterlingsflügel,
Windhauch von anderswo her,
tanzt ohne Halt auf mich zu -

Sie rauscht einfach wieder
in deinen Worten,
lacht fraglos im
Strahlen deiner
geliebten Augen mich an.

Zum ersten Mal schweigt
über den Körpern
irgendein Sommer,
regnet tiefleise
hautbar nah und
früh geworden
mit dieser Nacht
aus verwehten Tönen
und einem klaren Atem,
trinkt dunklen Wein
aus dem bienenvergessenen
Blütenkelch.
In fragloser Stille
endlich allein,
trunken und müde
legt sich der alte Wind
über die eingeschlossene Zeit,
auch auf dein Haus aus
stumpf sich windender Einsamkeit.
Dieser Sommer
schweigt lächelnd,
einen Tod dir voraus,
lässt seinen Flugsand,
Vergangenem gleich,
durch die Hände rinnen,
wird dir,
Schlafender,
nichts mehr erzählen
von seiner Nacht.

In dieser Regennacht kehrst du
bis auf die Knochen durchnässt
noch einmal zurück in sein
gläsernes Luftschloss, in
das trockene, stille Dunkel,
das anhält in seinem Haus aus
Sehnsucht und Schmerz.

Die Toten, willst du ihm sagen,
muss man bestatten, dass
sie Ruhe haben und wir,
und dann muss man fortgehen,
auch von den Gräbern.

Du sagst es nicht. Erinnerst,
nun auch selbst, dich des Fortgehens
nicht mehr,
nicht des Schmerzes und nicht des
Verstummens,
schweigst, nun auch du,
in der trockenen Stille des Hauses, das
wieder nur noch aus Sehnsucht besteht.

Ihr esst dort zusammen und liegt
aneinander
wie früher, hört es von Blättern tropfen,
außen die Scheiben langrinnen und fallen
wie Töne von je. Im Dunkel dort
siehst du das Messer noch in seiner
Hand,

erinnerst den Schnitt nicht, nurmehr den
Regen,
durch den du kamst und durch den du
unbewaffnet
noch einmal fortgehen willst, diese Nacht.
Bald
hast du auch das vergessen.

Zeichen

In meine Handflächen
zeichengenau wiederholt
immer zwei Schenkel
gleichseitiger Dreiecke
geschnitten,
Spitzen wie Pfeile
stets auf die Mittelfinger
gerichtet
und darüber hinaus
auf den Horizont, wo sich
Himmel und Meer berühren, wo
das leichte Blau
schwer wird.

Sie wollen wohl etwas be-
deuten, zeigen mir aber
nur sich.

Ich seh
den Vektoren nicht nach,
seh nicht den Horizont, wo
das schwere Blau leicht wird,
sehe nur
Ströme von Blut mir
aus himmelwärts offenen
Händen quellen,
laufe dabei über

Muschelscherben und Sand,
fischäugig staunend und stumm
starre ich
auf die Zeichen,
wie Namen verletzend
in meinen Körper
gestanzt.

Wer schreibt?

Es schmerzt nicht:
kein Schmerz
zu spüren und nichts
zu hören als
fischäugig staunend
Verstummtsein.

Das Meer schweigt.
Nichts knirscht unter meinem
verstolperten Schritt.

Ich sehe kein Blau,
seh nur das Blut und
die Exaktheit der Zeichen in
meinen himmelwärts offenen,
wie fragend
vor mir her gehaltenen
Händen.
Laufe nur immer
und staune über das Ausbleiben

eines Gedankens oder Gefühls.

Die Botschaft
kommt nirgendwoher, kommt
nicht an, gilt nicht,
nicht mir.

Osaka

Außen hin,
Außerhirn,
leider rufen Sie außerhalb
unsrer Geschäftszeiten an,
nach außen hin immer
noch wahren
den Schein.

Noch: kein Opal,
Gold und Silber, Be-
stätigung, Maske, die Rolle,
der Gabentausch und
was ist schon eigentlich
"noch".

Schau dir die Geisha an,
wie sie sich formalisiert
und lebendig macht,
Rausch und die
strengste Zeremonie.

Die unglaublichsten Filme
prepaid im Hotel.

Schau dir den schlauen
Odysseus an, sieh
seine Mittelchen auch

für und gegen Sirenenlust.

Immerhin, immerhin.
Was
ist schon eigentlich
noch?

<u>Anubis</u>

Was ich dir geschrieben endete
was ich dir sagen wollte und jetzt
leg ich den Hörer in die hungernde Gabel.
Was ich gedacht endete mich,
was endete.

Ein Blick verhängt sich in deinen Gittern.
Eine Geste verstümmelt und eine Frage
richtet sich selbst. Weiter
nichts.

Weiter,
dahinter dein teeriger Himmel,
das Kristall, das nicht birst,
dein flüchtiges Raunen,
ein von dir nicht besetztes Du.
Dahinter,
was schwindet, bevor es noch auftaucht,
was immer die Schwelle von außen nur
streift,
die Schwelle, an die dann nichts grenzt
als mein Münden, eine
Geste, die Frage, der Blick.

Du bist nicht gewesen.
"Wir" ist nicht gewesen, nichts
als das ewige Vorspiel, die fehlende
Antwort,

die Metaphern für das,
was nicht enden und nicht beginnen kann:
vierundzwanzig préludes
auf dem alten Flügel,
zweiundvierzig Bilder
über den Tod durch Ersticken,
vierundzwanzig oder
zweiundvierzig Stunden am Tag
andächtig dem Freizeichen lauschen,
dem Zeichen, das nicht frei meint,
sondern fort.

Weiter nichts
endete.

Bei Preußens

Disziplin und gute Laune,
mein Leitspruch, schon immer.

Und wenn ich mal,

nach langer,
nach langer,
nach sehr
langer Zeit,

einmal

gesagt hab,
dass

ich

nicht mehr kann,

hieß es von dir nur:

Hättste
auf der Flucht übers Haff
auch nicht sagen können.

Wohl wahr.

Bleibt nur...

Das fünfte Haus

wem sonst, als dir, Hans

I. Ankunft

Das fünfte Haus liegt auf der anderen Seite des Flusses.

Die Geliebte des Mannes geht sehr schnell die Straße hinunter, in der sie lebt und deren Verlängerung über den Fluss führt, an dessen gegenüberliegendem Ufer der Mann wohnt, der sie heute Abend zum ersten Mal zu sich eingeladen hat in seine Wohnung, zu einem Theater-, ja Opernspiel, weil das sowieso seine Sache ist und seine Frau nichts weiß und nicht bei sich zuhause sein wird diesen Abend. Es ist dunkel und sehr kalt. Der eisige Wind weht weht ihr auf der offenen Brücke sprenkelnd genau ins Gesicht und der Fluss glänzt ihr dunkel unter den Lichtreflexen, unter der reißenden Haut, ihren eiligen Schritten, als sie ihn quert. Aufgeregt ist sie, nervös und ein bisschen spät, sie möchte pünktlich sein.

Pünktlichkeit, pflegte ihr Vater zu sagen,
Pünktlichkeit ist die Höflichkeit der
Könige.

Die Königstochter dient als Prinzessin im
Tempel. Sie ist sehr schön und sehr jung
und sie liebt in ihrem Dienst an den
Männern immer nur das Bild ihres jungen
und schönen Bruders. Für ihn bestiehlt
und betrügt sie ihr Reich, ihren Vater. Sie
flieht mit dem Fremden, dem Staatsfeind,
ganz weit übers Meer und sie tötet für ihn
auf dem Schiff ihren so sehr geliebten
Bruder, zerstückelt den Körper und und
wirft seine Teile ins Meer, sieht sie treiben,
abtreiben dem folgenden Vater entgegen,
den das zurückwirft und aufhält, wie ihr
der Fremde geraten, sich klug so zu
freien.

Nach dem plötzlichen Tod ihres Vaters
wollte die Geliebte, die damals recht klein
und nur Tochter war, eine Prinzessin sein,
schön und fein, und es sollte sie finden ein
Prinz und ihren Vater zum Könige machen
für immer. Sie suchte und in ihrem Bruder
fand sie ihn nicht.

Diesseits des Flusses, am Anfang der
Brücke, steht ein kleines Häuschen,
eigentlich ein Pissoir, in dem keiner lang
bleibt und in dem, wie der Mann der
Geliebten erklärte, die Männer und
Jungen sich suchen und treffen. Dort
würde, was vorbildlich sei, viel mehr
gehandelt als überhaupt jemals
gesprochen.

Über die Brücke führt zwar die Straße, die
die ihre verlängert und jenseits in seine
mündet, führt viel Verkehr. Unendlicher
Verkehr.
Wer aber hier in selbstmörderischer
Absicht und womöglich in Gedanken an
Eltern, Familie, Geschwister
herunterspringen wollte, würde mit großer
Wahrscheinlichkeit auf dem Boden
zerschellen und nicht in den Fluss fallen,
ertrinken und abgetrieben werden,
wieder hinter die Geburt zurückgehen
können. Der Fluss ist nämlich stark
reguliert und inzwischen nur noch sehr
schmal; unter der Brücke befindet sich
daher vor allem ein ausgedehnter
Grünstreifen, der im Falle einer
Überschwemmung das Wasser auffangen

und so die Stadt schützen soll.

Der Mann sagt der Geliebten: Wer sich umbringt, kommt in die Hölle. Oder er muss im nächsten Leben genau an der Stelle weitermachen und neu anfangen, an der er scheitern und aufgeben müssen meinte. Der Tod löst also keine Probleme.

Eines nachts ließ der beste Freund des Bruders der Geliebten einfach alles stehen und liegen, schrieb keinen Abschiedsbrief und erhängte sich im Speicher des Hauses, in dem auch der Bruder wohnte, der aber gerade schlief. Obwohl das alles sehr schnell und unerwartet geschah, war niemand wirklich erstaunt über die Nachricht. Auch die Schwester nicht, die der Bruder früh morgens, als er die Nachricht erhielt, zuerst anrief und mit der ganz sanften Frage, was sie denn wohl grade mache, aus tiefsten Dunkel riss. Sie hatten, wie immer so viele, doch beide geschlafen, als einer starb.

Der Bruder hat seither keine Angst mehr,
dass jemand unangekündigt und wortlos
für immer verschwindet, wie sein und der
Schwester Vater, als er sich plötzlich in
seinen Tod entzog.

Die Geliebte aber hat immer noch ständig
Angst, dass jemand unangekündigt und
wortlos für immer verschwindet, wie ihr
Vater. Sie betritt zum Beispiel das Zimmer
ihres Bruders oft in der Erwartung, ihn dort
erhängt zu finden, sieht seine Füße schon
hinter der noch verschlossenen Tür vor
ihren Augen baumeln.
Oder wenn zum Beispiel der Mann
unterwegs ist, schaltet sie Nachrichten
ein, um zu hören, ob nicht ein Flugzeug
abgestürzt ist oder es einen schrecklichen
Verkehrsunfall gegeben hat.

Die Ehefrau des Mannes ist einmal, hat er
der Geliebten erzählt, mit einem Messer
auf ihn losgegangen. Nur eine Glastür hat
ihn gerettet, die sie nicht kaputt machen
konnte.

Als die Königstochter nach allem, was

geschehen ist - die Heimat geopfert, den Vater, den Bruder, zwei in sich verkeilte Söhne jetzt, ihr Mann bei der neuen Frau, gleicher Hauptfarbe und gleichen Standes - wirklich nichts mehr zu verlieren hat, tötet sie die Geliebte ihres Mannes und deren Vater auf besonders qualvolle Weise. Mit Feuer, nicht Wasser.
Das Perfide daran ist, dass der Mann alle hätte retten können, wenn er sich nur halb so zu ihr, wie sie einst sich zu ihm bekannt hätte.

Am Ende der Brücke tritt die Geliebte im Gehen die Zigarette aus, die sie noch schnell geraucht hat aus Nervosität und im Wissen, dass sie im Hause des Mannes nicht würde rauchen dürfen, weil er grade damit aufgehört hat und man dann riechen würde und an
den Kippen sehen, dass sie da gewesen ist, obwohl sie kein Recht dazu hatte, im Gegenteil.

Der Mann ist ein Vater und er wohnt mit seiner schönen Frau, die gerade nicht da ist, und seinen schönen kleinen Söhnen in einem herrschaftlichen, im Stil der Jahrhundertwende eingerichteten Altbau auf der anderen Seite des Flusses. Das Gebäude passt sehr gut zu der alten Familie, aus der er stammt und deren Name auf dem Messingtürschild steht.

In dem Moment, in dem die Geliebte die Hand nach dem roten Lämpchen im Flur ausstreckt, das im Dunkel den Lichtschalter anzeigt, wird es von oben hell.
Er ist wieder diesen einen Augenblick schneller gewesen als sie und das irritiert sie jetzt. Auf der Treppe verliert sie endgültig den Rhythmus: Je zwei der flachen und sehr tiefen Stufen auf einmal zu nehmen ist zu wenig, je drei zu viel. Sie schwankt zwischen den Maßen und wechselt unkoordiniert ihren Schritt, stolpert mehrfach beinahe, fängt mehr ein Fallen im Steigen ab, als dass sie geht.
Nach dem plötzlichen Tod des Vaters hat die Mutter der Geliebten wieder geheiratet. Nicht ohne die Kinder formal um ihr Einverständnis zu bitten.
Der Stiefvater misshandelt, fast wie im Märchen, die ganze Familie, weil er nicht erträgt, dort gefunden zu haben, was er suchte. Erst wirft er den Bruder hinaus, dann die Schwester. Schriftlich mit der

Drohung, den Inhalt ihres kleinen Zimmers
in einen Müllcontainer zu befördern und
sie den Abtransport zahlen zu lassen,
wenn sie den Raum nicht zum Ultimatum
ihres 18. Geburtstages verlassen habe.
Wohin, schreibt er nicht.

Die Geliebte sucht wie so oft seitdem eine
Wohnung, sie sucht eine Bleibe, zu
Hause.

Der Mann öffnet ihr jetzt die Türe mit
einem Lächeln, das der kleinen
Verspätung gilt, die sie bei aller Eile nicht
hatte vermeiden können. Ihre Blicke
streifen sich nur bei der Begrüßung. Sie
sieht an ihm vorbei in den Raum, den sie
erstmals und heimlich betritt, und hat
keinen Gedanken mehr, hört ihm kaum zu,
nimmt kaum wahr, wie er ihr aus der
Jacke hilft und zu trinken anbietet,
französischen Rotwein, wie immer, hier
allerdings nur aus einem gemeinsamen
Glas, wohl um keine Spuren ihrer
Anwesenheit zu hinterlassen.

Das hier ist die Grenze und nicht der
Fluss, über den sie gekommen ist. Hier

geht nichts mehr vorwärts und nichts mehr
zurück, hier ist nichts mehr zu
überschreiten, hier gibt es kein Diesseits
und kein Jenseits, nur das Innehalten
genau in der Mitte, zwischen allen
Widersprüchen, die nur in einem
kulminieren, Bleiben oder Nichtbleiben,
was hier dasselbe ist, Bleiben und
Nichtbleiben.

Doch das versteht nur, wer die Angst ums
Bleibendürfen kennt.

Die Stimme des Mannes, der ihr was
erklärt, den Plan des Theaterstückes,
dringt wie der Fluss zwischen hüben und
drüben an sie. Irgendwann, ich weiß leider
nicht genau wann, kommt die Freundin
meiner Frau, um mich beim Kinderhüten
abzulösen, damit ich auf das Fest gehen
kann, auf dem meine Frau jetzt schon ist.
Sie darf auf keinen Fall merken,
dass du hier oben bist oder warst. Sie ist
neugierig und erzählt alles weiter. Wenn
sie kommt, wird sie hier oben an der
Außentür klopfen und ich werde über die
Innentreppe
hinuntergehen und ihr an der unteren
Außentür öffnen. Währenddessen

verschwindest du wie ein Dieb bei Nacht und Nebel durch die obere Tür, weil sie sicher von innen heraufkommen und herumspionieren wollen.

Sie denkt an sein Theater, die Musik, die sie zum ersten Mal hörte und sah. Wie der ältere Bruder im Nachtkino sitzt und dort seine eigene Stimme hört, die seines kleinen Bruders und die der vor kurzem gestorbenen Mutter. Übereinander geblendet. Wie in in einem Madrigal. Zusammen gesungen.

Die Szene, es ist eine Szene, besteht wie der Raum aus hochtief-singender, unerträglicher Spannung. Palimpsest und kein Amen.
Die Geliebte weiß, dass sie es nicht mehr aushalten kann und beschließt, zu gehen, bevor diese Frau kommt. Aber der Widerspruch lähmt sie und wieder steht sie falsch in der Zeit. Es klopft an der Außentür. Der Mann springt auf, ruft nach unten, ich komme, ich komme, küsst sie flüchtig und geht innen hinunter. Es klopft noch einmal, nur etwas lauter. Sie zieht die zuvor ausgezogenen Schuhe wieder

an, nimmt ihre Tasche und sucht ihre
Jacke. Beim Kommen hatte sie nicht
darauf geachtet, wo er sie, nachdem er
sie ihr abgenommen, hingehängt hatte.
Unten wird geöffnet, sie hört die Stimmen,
lehnt vorsichtig die Verbindungstür zum
unteren Teil der Wohnung an, geht leise
und wie gelähmt im Zimmer herum, sucht
auf Stuhllehnen, Möbelstücken, auf und
neben dem Bett, in allen Nischen, findet
seine Jacke, hört Schritte heraufkommen,
denkt, die Jacke darf hier nicht
liegenbleiben und gefunden werden als
Spur, keine Spuren, war ausgemacht,
Schritte und Stimmen jetzt oben, es ist zu
spät, auch ohne Jacke zu gehen, sie
bleibt hinter dem breiten Pfeiler inmitten
des Raums stehen, einfach stehen.
Sie ist ein Gespenst in diesem Raum,
genau zwischen Leben und Tod, zwischen
An- und Abwesenheit, wie eine
Schlafwandlerin oder wie im Traum oder
im Märchen steht sie und denkt einfach
gar nichts mehr.
Sie sieht den Mann und die Freundin
seiner Frau ins Zimmer treten, sieht die
Augen des Mannes, aber von der
Freundin nur den Rücken und das lange
blonde Haar, bewegt sich mit den beiden
hinter dem Pfeiler entlang, halb versteckt

und halb offen, beobachtet, wie die Freundin nur neugierig in den teil des Raumes blickt, in dem das Bett steht, als würde die andere Hälfte des Zimmers überhaupt nicht existieren, als hätte sie mit ihrer unerlaubten Anwesenheit auch den Raum um sich herum verschluckt, ihn wie sich selbst auch zur Abwesenheit gezwungen.
Die beiden verlassen das Zimmer, verschwinden durch die Türe nach unten. Der Mann hält auf der Treppe kurz inne und geht zurück, als müsse er die Musik ausmachen, die immer noch läuft. Fragt die Geliebte sehr leise, was um Gottes Willen sie hier noch mache, gibt ihr die Jacke, von irgendwoher, sie geht, schleicht die Außentreppe hinunter zurück in die eiskalte Nacht und nach Hause, dahin, wo sie nicht wirklich ist, aber bleiben darf.
Die Aufführung ist, wie sie später erfährt, also doch noch gelungen, sie blieb unbemerkt.

II. Rückkehr

Die Königstochter fährt mit dem Fremden
und Staatsfeind, für den sie den eigenen
Bruder
zerstückelt hat, in dessen Land, indem sie
nach einiger Zeit selbst Fremde und
Staatsfeindin, Mörderin wird. Der König
dort, Vater der späteren Geliebten ihres
Mannes,
verbannt sie schon bald. Zurück kann sie
nach ihrem Verrat und dem Brudermord
allerdings nicht mehr, so hängt sie
zwischen den Welten. Schwarz und weiß.
Pferde.

Alles bleibt an seinem unseligen,
unerforschlichen Platz.

Da die Frau des Mannes heute Abend
wieder ausgeht, läd er die Geliebte und
dazu ihren Bruder zu einem Glas Wein,
französischen Rotwein, wie immer, ein in
sein Haus auf der anderen Seite des
Flusses. Seine Oper zu hören und einen
Film gemeinsam zu sehen bei ihm.
Wieder ist es dunkel und sehr kalt und die
Straße, die über die Brücke führt, ist
vereist. Aber dieses Mal eilt die Geliebte

nicht, denn sie steht gut in der Zeit und
kommt pünktlich an. Ihr Bruder hingegen
verspätet sich etwas.

Wieder dort sitzt der ältere Bruder im
Nachtkino und hört seine eigene Stimme,
die des jüngeren und die der verstorbenen
Mutter gemeinsam singen.
Wieder hier bestehen Szene und Raum
aus unerträglicher Spannung. Die Frau
des Mannes, Mutter der Kinder, könnte
unerwartet und ganz selbstverständlich
aus ihrer Abwesenheit zurück bei sich zu
Hause hier auftauchen und wieder da
sein, mit Recht. Die Geliebte ist nur halb
anwesend vor Angst. Ihren Bruder scheint
das nicht zu kratzen.

Wie von Geisterhand öffnet sich plötzlich
die innere Türe zum unteren Teil der
Wohnung des Mannes und einer seiner
beiden kleinen Söhne kommt rein.Wortlos,
mit der schlafwandlerischen Sicherheit
und dem leeren Blick eines Kindes, das
sich am nächsten Morgen an nichts mehr
erinnern wird, geht er auf seinen Vater zu,
setzt sich auf seinen Schoß, schlingt ihm
die Arme um den Hals und schmiegt

seinen nachtwarmen kleinen Körper an
die große, kräftige Gestalt des Mannes.
Seine liebevoll leisen Fragen scheint er
nicht zu hören, er scheint auch die
anwesenden Besucher nicht
wahrzunehmen, obwohl er sie offen
ansieht. Er schaut durch die Geliebte und
deren Bruder hindurch, als wären sie
bloße Gespenster.

Der Film, den der Mann und die Geliebte
und ihr Bruder gerade sehen, läuft einfach
weiter. Alles bleibt an seinem Platz.
Darin: Während der Vater, Theaterdirektor,
im Sterbebett liegt, erzählen die
Dienstmädchen in der Küche, um die
Kinder abzulenken. Das kleine Mädchen,
die Tochter des sterbenden Vaters, hört
artig zu, geht auch den Mädchen ein
wenig zur Hand, isst brav die süßen Brote,
die Trostbrote, und versucht, mit dem
älteren Bruder ein Spiel zu spielen am
Küchentisch. Der Junge spielt aber nicht
mit, hört nicht zu, hilft nicht und isst nichts,
sondern lässt nur den Kopf sinken. Als
seine Schwester ihn tröstend streicheln
will, wehrt er rüde sie ab.

Die Wahrheit ist die, dass der Vater der
Geliebten, der nie zuvor krank gewesen
war, eines abends in der Faschingszeit mit
sehr hohem Fieber nach Hause kam. Und
dass der zur Hilfe gerufene zweite Notarzt
- der erste wollte ihn nicht - ihn schnell
mitnahm, mit
Martinhorn und Blaulicht wegbrachte,
schnell, in irgendein Krankenhaus, auf die
Intensiv, an verschiedene Schläuche.

Am Tag nach dem Tage danach, einen
Tag bevor die Geschwister den Vater
gemeinsam mit der Mutter in der Klinik
besuchen wollten, kam die Mutter alleine,
mit der Tasche des Vaters und ohne den
Vater nach Hause zurück.
Die Geliebte, verlassne Prinzessin, ein
Kind noch, missbraucht oder nicht, sah
eine Ewigkeit über den Spiegel im Flur in
den leeren Raum.
Ihr Vater sei plötzlich gestorben, sagte die
Mutter dann ihr und dem Bruder am
Esstisch. Der Bruder bastelte dann noch
ein Kreuz zum Gedenken aus Lego.

Starb da, der Vater, einfach am 23.02.,
wann sonst. Saturnalien, Herr und Knecht

und alles steht, wohl befristet, jetzt mal auf dem Kopf. Das Karnevaleske und die Grausamkeit.

Im Film hier verlangt der sterbende Theaterdirektor nach seinem Sohn. Durch endlose Zimmerfluchten wird der kleine Junge mit seiner noch kleineren Schwester aus der Küche zu ihm geführt. Die Dienstmädchen schweigen, die Mutter tobt, die Kinder laufen und laufen, alle vor Schmerz.

Die Geliebte als noch junge Tochter erinnert sich später, wie ihr Vater aus einer Bahre von Notärzten aus der Wohnung der Großmutter die Treppe hinuntergetragen wurde und wie sich seine Mutter dabei über ihn beugte, den Vater und Sohn, sagte: Ja, ja, wenn der der Prophet nicht zum Berge geht, dann muss eben der Berg zum Propheten gehen...
Als er fort ist, setzt sich die Großmutter auf ihr seidenes Bett und weint erstmals hemmungslos vor ihren Enkeln.
Diese Erinnerung muss aber falsch gewesen sein, kein Film, vielleicht ein Traum.

Aus medizinischer Sicht wurde jedenfalls
später bestätigt, dass der Vater der
Geliebten nicht hätte sterben müssen.
Allerdings hatte er die letzten Jahre vor
seinem Tode schon deutlich gemacht,
dass er keine Lust mehr zu leben hatte -
verständlich, Jahrgang 23 -, dass er, ohne
aktiv dazutun zu wollen, viel lieber
gestorben sein wollte, als leben.
Lieber, als beispielsweise noch für seine
Kinder oder deren oder seine eigene
Mutter anwesend zu sein. Sein Tod ist
also eine Art Selbstmord gewesen.

Der kleine Junge im Film sitzt bei der
Lieblingsmusik des Mannes verträumt vor
seinem Spielzeugtheater und wechselt die
wunderschön ausgemalten Kulissen. Er ist
allein in der großen, im Stil der
Jahrhundertwende ausgestatteten,
herrschaftlichen Wohnung. Des Spielens
müde steht er irgendwann auf und beginnt
leise, immer neue Türen öffnend und
verschiedene Namen rufend, durch
Zimmerfluchten zu gehen. Einmal bleibt er
an einem Fester stehen, legt seine flache
Hand auf die Eisblumenmuster, dass er
hinaussehen kann und blickt dann
hinunter auf die verschneite Straße, von

wo er den Vater aus seinem Theater
erwartet. Einmal lässt er sich, so
wunderbar unbeobachtet, heimelig und
genüsslich und plötzlich geborgen mit
Kleidern und Schuhen ins Seidenbett
seiner Großmutter fallen. Einmal
verkriecht er sich unter dem
Wohnzimmertisch, um eine
Spieluhr, die gipserne Nixe der Zeit, zu
bewegen mit seinem Wunsch, seinem
Blick, bis es glockenhell unschuldig Drei
schlägt.

Die Trias. Wo zwei sind, kann kein Dritter
sein?

Der Mann sagt jetzt zu seinem kleinen,
wohl schlafenden Sohn, komm, ich bringe
dich wieder ins Bett. Stellt ihn vorsichtig
auf seine Füße, nimmt ihn bei der Hand
und geht mit ihm aus der dem Zimmer in
einer wunderbaren Einheit aus der großen
und kleinen Gestalt, hinaus und die
Innentreppe hinunter.
Die Geliebte und ihr Bruder haben auf
ihrem unaussprechlichen, unberechtigten
Platz in der Wohnung des Mannes
zugleich das Gefühl, dass es wohl besser
wäre, wenn der Mann dann wieder

zwischen ihnen säße auf dem Sofa in seiner Wohnung.

Der Vater des kleinen Jungen ist ein Theaterdirektor.

Als sein Vater noch lebte, schlich sich der kleine Junge oft nachts in das Bett des Hausmädchens, nur um sich an ihren warmen Körper zu schmiegen und bei ihr zu schlafen. Dieses Mal aber sagt sie ihm, dass sie das Bett mit einem anderen, einem erwachsenen Mann teile werde heut Nacht. Der Junge wendet sich wortlos ab von ihr, geht zurück in sein Zimmer, worin seine Schwester noch schläft.

Das Hausmädchen ist in dieser Winternacht die Geliebte eines verheirateten Mannes, des Hausherrn. Er verspricht ihrem süßen Mund eine ganze Konditorei, aber sie will ja gar nichts von ihm haben.Als sie miteinander schlafen, kommt er so schnell, dass sie wirklich nichts von ihm hat. Schwanger trotzdem. Wortlos gehen die beiden in ihre richtigen

Schlafzimmer, Betten.

Winternächte. Der Himmel so hell überm Schnee.

Nachts in der Kälte streicht der schwule Schriftsteller um die Pissoirs seines Stadtparks herum, um dort Material zu finden, wie er seiner Frau erklärt, für die Bücher, die er dann doch niemals schreibt. Er begegnet dort dem älteren der verwaisten Brüder aus dem nahegelegenen Abbruchhaus. Der friert und braucht Geld und der Schriftsteller möchte ihn gerne verführen, nimmt ihn zu sich mit nach Hause, wo aber die Ehefrau ist, mit der er ein entsetzliches Leben führt und die ihn auch jetzt wieder stört. Perfiderweise teilt sie die Stimme mit der gestorbenen Mutter der beiden Brüder.

Der verheiratete Mann kommt nach der kurzen Nacht mit dem Hausmädchen zu seiner klugen Frau zurück, die alles weiß, nichts verhindert und nichts bestraft, nicht mit einem Messer auf ihn losgeht, sondern ihren Mann in aufreizender Morgengarderobe empfängt, was ihn sehr

animiert. So bestätigt sich die prinzipielle
Förderlichkeit einer Geliebten für die Ehe.
Der Mann schläft sofort, diesmal länger,
mit seiner Frau. Beider Tochter allerdings
steht mit dem Frühstück für alle vor der
verschlossenen Schlafzimmertür.
Die Türe hier ist nicht verschließbar.
Jeden Moment könnte die Mutter der
Kinder und Ehefrau des Mannes plötzlich
nach Hause kommen, mit aller
Selbstverständlichkeit und allem Recht im
Zimmer stehen und der Geliebten damit
zeigen, dass sie hier nichts zu
suchen hat.

In diesem Fall hat die Geliebte ständig
Angst, dass jemand unangekündigt und
wortlos für immer auftaucht und nicht
verschwindet, wie ihr Vater.

Der Tod des Theaterdirektors beginnt mit
einem Schwächeanfall auf der Bühne bei
Proben zu einem neuen Stück.

Nach dem Tod der Mutter gehen die
beiden Brüder vom Land in die Großstadt,
wo der ältere Geld verdienen will, um sich
und den jüngeren, für den er jetzt alleine

verantwortlich ist, zur Not mit allen Mitteln irgendwie durchzubringen. Bis er Arbeit findet, leben die beiden in einem Abbruchhaus, das einmal groß und herrschaftlich gewesen sein muss. Der ältere Bruder zieht auf der Suche dann auch in den Kneipen, den Kinos und im Stadtpark herum, spricht nicht viel. Der Kleine ist meistens allein in dem Haus, seinem Messingbett dort. Nachts hört er Stimmen.

Der Vater ist zum Theater gegangen. Gott ist eine Vorstellung.

Im Exil hat die schwarze Königstochter von fern über die Jahre, über die Ablehnung und die Vereinsamung, über ihr schlechtes Gewissen, ihr Heim- und ihr Fernweh, über die Hexerei und die schweren Geburten der beiden Söhne schwarz-weiß dann an Schönheit verloren, so dass ihr Mann nun nicht mehr mit ihr schlafen will. Er hat sich dafür eine jüngere Geliebte genommen, die ebenfalls Königstochter, aber aus seinem Land, weiß ist. Der Riss zwischen den Eheleuten geht durch die Kinder, da der eine Sohn mehr nach der Mutter, der andere mehr nach dem Vater gerät. Dieses Elternpaar, das sich einstmals so unbegrenzt hemmungslos liebte.

Voll verzweifelter Liebe kehrt der ältere Bruder aus der kalten Nacht in das Abbruchhaus zum jüngeren zurück, der dort immer auf seinem alten Messingbett sitzt und erzählt, dass er die Stimme Gottes höre. Weil es nicht die Stimme der verstorbenen Mutter ist, schreit der Ältere den Jüngeren an, dass es keinen Vater im Himmel gäbe, und schlägt seinen Bruder blindwütig im Zorn. Als er zu sich kommt, bemerkt, was er da tut, stammelt er schnell um Entschuldigung, wird aber nicht mehr gehört, will seinen Kleinen umarmen, der nicht reagiert, einfach umfällt und schweigt, sich stumm schütteln lässt, lange. Der Große gibt auf, verspricht irgendetwas und stürzt innen im Abbruchhaus eine Treppe hinunter, hinaus auf die Straße, zurück in die eiskalte Nacht.

Tödlichliebend sind Gottes Stimmen.

Der Mann hat immerzu Angst, dass seine
Söhne eines morgens aufwachen und ihre
Mutter nicht mehr vorfinden, so wie sein
älterer Bruder und er irgendwann plötzlich
die Mutter nicht mehr vorfanden, nachdem
die Ehe wegen Ehebruchs geschieden
war und der Vater die Söhne einfach mal
kurz mit nach Nordafrika schleppte,
schwarz-weiß. Der Mann hat dann, klein
noch, halbe Chemielaboratorien gebastelt
und sich die Fingerabdrücke
weggeätzt und -gesprengt.
Identitätsnachweise, einmalig.

Jedenfalls sagt der Mann, dass seine Frau
niemals weggehen würde.

Der ältere Bruder kehrt durch die Kälte der
Stadt in das Abbruchhaus zurück. Er will
dem jüngeren, den er so liebt, heißen
Kaffee bringen und etwas zu essen,
endlich, stürzt die Treppe mit diesem
Frühstück, dem Trostbrot hinauf, findet
den Kleinen wie von sich verlassen in
seinem Messingbett liegen, er richtet ihn
auf und versucht, ihm was einzuflößen,
ein Essen, ein warmes Getränk, doch der
Junge reagiert abwesend auch jetzt
wieder nicht. Langsam, ganz langsam

bemerkt er den Tod seines Bruders,
langsam, ganz langsam, schleichend das
Rückenmark hoch, wird ihm klar, wer ihn
umgebracht hat mit einer Umarmung zu
fest: Er war es selbst.

In einer Liebesnacht im Schlafzimmer der
Mutter versuchen die Söhne der
Königstochter, die nichts mehr zu verlieren
haben, sich weder trennen noch
verbunden sein können, schwarz-weiß,
sich gegenseitig umzubringen. Sie kommt
überraschend hinzu, sieht die Szene, eine
zu viel, und sticht ihre Kinder zusammen,
eint sie im Tode zum Bild ihres Bruders,
den sie zuvor so geliebt und dann
zerstückelt ins Meer geworfen hatte.
Diesmal aber bewahrt sie die Leichen
ihrer Liebe vor dem Anblick des Fremden,
das alles entfremdet hatte, was jetzt
wieder eigen wird.

Ein Brudermord findet statt, indem ein
Mann in der kalten Nachtluft auf offener
Straße einen anderen Mann ersticht, der
gerade einfach nach Hause gehen will
und dort auch von seiner Frau erwartet
wird. Es gibt natürlich kein Motiv und
keinen Zweck in dieser Geschichte. Man
kann sie sogar ohne Schaden rückwärts

erzählen und gegen sich selbst.

Die Geliebte hat die Ehefrau des Mannes zuerst nur einmal gesehen. Nach dem Brudermord. Später dann war sie im Bett mit ihr, wie mit so vielen.

Das kleine Mädchen wacht nachts über dem verzweifelten Schreien einer Frau auf. Es legt sich zu ihrem Bruder ins Bett, der nun auch aufwacht und mit der Schwester Hand in Hand durch die Zimmerfluten dem entsetzlichen Geheul nachgeht. Sie finden schließlich die Mutter, ihre Mutter, die den Tod ihres Vaters beklagt.

Der ältere Bruder trägt die Leiche des jüngeren die Treppe hinunter.

Mit dem Leben schenkt eine Mutter dem Kind auch den Tod.

Die Geliebte geht dieses Mal rechtzeitig die Treppe hinunter nach Hause, aber sie weint. Heult und schreit nicht, weint einfach leise und lang.

Der Tod lebt im fünften Haus.

CADisH

In den Vorzeiten fielen aus fernen
Himmeln Wolken von Asche und Sand auf
die nicht bestatteten Toten, die nun
endlich ganz über die stygischen Wasser
gelangten, Vergessen zu trinken vom
kummerverscheuchenden Nass der Lethe,
aufsteigen durften, ein Neues beginnend,
steigen und wiederum fallen, vergessen.

In den Vorzeiten zog sich das Meer zurück
von dem Ort, an dem sie später die Stadt
bauten, würde wohl niemals wiederkehren
dahin, doch hatte es Reste von seinem
Sand dagelassen auf dem Spielplatz und
zwischen den Gräbern am Friedhof,
würde vielleicht einmal den Wind noch
schicken, sie heim zu holen zu sich.

Sie: ich, keine nirgends. Seramis, Babel,
der Stillstand der Sterne zum Wechsel der
Jahre nach alten Kalendern.

Sie saß wieder am Spielplatz des kleinen
Stadtparks und starrte unter dem Himmel
entlang, dessen letztes Sommerblau in
einer sich so träge wie endgültig
ausbreitenden Wolkendecke verschwand.
Die Blätter hingen in kraftlosem Grün von

den Bäumen um sie, vergilbten noch
nicht, duldeten stumm das
Vorbeischweifen eiliger Blicke und den
langsamen Rückzug der Sonne. Kein
Windhauch rieb sie, machte sie rascheln
oder löste sie aus der unbewegten Trübe,
durch die vereinzelt Passanten gingen,
zielstrebig und nahezu unsichtbar ihre
Schritte von den Geschäften nach Hause
lenkten, ganz in Gedanken versunken,
körperlich nirgendwo.

Es fiel und entschied sich noch nichts. Der
Ort verharrte in seiner Indifferenz, war
jetzt nicht erheblich, hatte schon immer
die Antwort verweigert und konnte sich
nun auch zu keiner Frage mehr sammeln.

Sie schaute über die Kinder hinweg, die
zwischen ihren stumpf in Strickzeuge oder
Modejournale vertieften Mütter immer
noch Sandburgen bauten, Familie spielten
und Krieg, wie zu schon zu Vorzeiten.

Die Zeit war hier nicht erheblich, stockte
zwischen Sommer und Herbst, zwischen
Abend und Tag, zwischen dem
unwiederbringlichen Verlust und der
Erinnerung an das, was sich entzogen
hatte, zuständig gewesen wäre und

irgendwann unbemerkt abgereist war,
ohne eine Ankündigung und ohne ein Wort
des Abschieds einfach weggegangen.

Noch beherrschte sie sich, sah ihm nicht
nach, sondern starrte nur mit ungerührtem
Gesicht wie teilnahmslos auf die Stelle,
wo er verschwunden war, wo sie hinter
den Büschen und Bäumen des Parks,
hinter den Häusern der Stadt den Horizont
vermuten konnte und das ferne Meer.
Sie unterdrückte den gewaltigen Schrei,
der in ihr aufzusteigen drohte, ließ in
ihrem Körper versickern, sich ausdünnen
in einen peinlich schalen Laut, ein
Glucksen, das ihr im Hals stecken blieb,
kein Auskommen wusste aus den schmal
zusammengezogenen Lippen. Es war zu
spät und zu früh, es schien ihr absurd und
enttäuschend, jetzt noch von der
Parkbank zu fallen, wohin auch, sie
wehrte sich noch, hatte Angst vor dem
unvermeidlichen Sturz, konzentrierte sich
ganz auf das Sitzen, hielt sich
mustergültig aufrecht darin und lächelte
ihr mäandrisches Lächeln in den
hängenden Garten.

Dieses verlogene Lächeln, diese undurchdringliche Miene, dieser Zwang, sich zu formulieren, geprüfte Sprachen und erprobte Gebärden anzulegen wie eine Rüstung für ine Verteidigungsschlacht, den Krieg, den sie zu verhindern vorgab, indem sie ihn verbarg. Immer noch suchte sie Schutz in der Maskerade. Dabei wusste sie ganz genau, dass es nie geholfen hatte, den Faden zu vernetzen, den ihr das Bilderhirn spann, dass der Kokon nicht schloss um das Labyrinth, dass es sie hinter jeder Ecke wieder anfallen konnte, plärrend und fordernd, einem ungezogenen Kind gleich in ihr herumtoben, nicht fassbar, überall und nirgendwo, kaum zu ertragen. Dass sie es nicht hatte einsperren können, dass es Spuren hinterlassen hatte, die zumindest sie selbst zur Kenntnis würde nehmen müssen, damit es nicht ewig so weiterging.

Sie wusste das und sie war müde. Wollte nicht denken, nicht warten, sich nicht erinnern, sich mit aller Kraft der Sehnsucht verweigern und dem Gedächtnis, so lang noch als möglich, wortlos und fühllos zusehen, wie dieses windstille Nichts sich einsalbte und mit dem Licht und der Wärme verschwand in die andere Welt, auf die andere Seite der Welt, wie es dabei einen sorgsamen Kreis beschrieb, den Radius bewahrte als seine Nähe und Ferne zur Ober- und Unterwelt, zur Mitte der Welt.

Sie wollte die Distanz noch einhalten wie früher, als sie so selbstverständlich die Runden noch drehte auf ihrer Aschenbahn, sich mit geduldigem Fleiß durch die Rinden häutete, Jahr um Jahr, in Mußestunden die Kreise zählte um dieses Loch in ihrem Himmel, verglich, wie sie weiter und unschärfer wurden und dennoch dieselben blieben. Wie sich dichtere Schleier hüllten um die Wunde in ihrer Mitte, den Mangel, von dem sie nichts wissen wollte, wie sie in dessen Schatten sich ihr weißes Kleid anlegte und Ringe tauschte mit dem, der nicht da war, Liebe spielte und Krieg.

Es fiel ihr jetzt aber schwer, nicht an den Sommer zu denken, der hier verschwinden sollte, um wiederzukehren und fortgehen, wie alles. Jetzt kostete es sie viel Mühe, die Furcht abzuhalten vor dem Winter, der sich immer dazwischen schob mit seinen zähen Nächten unter so weißem Himmel, mit vor der Kälte fest verschlossenen Fenstern und der Angst vorm Ersticken, Ersticken an der Erinnerung, die sie vermeiden wollte mit ihrem mäandrischen Lächeln und ihrem aufrechten Sitzen, als wisse sie von nichts, als wäre noch nichts geschehen.

Sie hatte sich aufgerieben in diesem Sommer, war weder Asche noch Sand geworden, hatte nur kurz die Fassung verloren und wollte sich jetzt wieder einsperren in sie, zu schwer sein, um fortgetragen zu werden vom Wind an einen Ort, den sie nicht kannte, der ihr unheimlich war wie ein ungezogenes Kind.
Sie hatte vergeblich den Spiegel zerschlagen, es war zu spät gewesen, verhehlte vergeblich die Wunden, wollte die Scherben versteinern lassen in ihrem Körper, sich.
Das war das Gewicht, das ihr fehlte, sie wusste es: Spiegelscherben als Abendmahl.

Denk nach, du kommst drauf, sagte man ihr immer wieder.

Ihr nichtssagender Blick löste sich müde

aus seiner Fixierung auf den unsichtbaren
Horizont, blieb einen Moment lang an
einem kleinen Jungen hängen, der auf
dem Spielplatz vor ihr mit einem Aststück
im Anschlag das Rattern eines
Maschinengewehrs nachzuahmen
versuchte, glitt von ihm ab und verlor sich
im Sand.

Hier hatte sie gerne Hochzeit gefeiert den
Sommer über, hatte schweigend die
Augen geschlossen und ihre Haut in sein
Schwellen gebreitet, ihm jede Pore
geöffnet, bis seine
flutende Wärme überall eindrang in sie
und sie dehnte in seinen Wassern. Bis der
zuckende Farbentanz unter den Lidern
sich zum Kreiseln fügte, sich immer
schneller drehte, sich immer schneller
drehte und das Flimmern auflöste in
ungebrochenes Licht. Hier hatte sich mit
behutsamer Gier ihre Dunkelheit
vollgesogen, hatten sich Poren, Pigmente,
Fragmente vereint in den Blauzonen der
Fraglosigkeit, wie sie sie liebte, wo der
Himmel ins Meer grenzt und das Meer in
den Himmel, die Linie sich sanft biegt, fern
von den Ufern und hoch über dem Sand
aus der Tiefe.

Dem Sand, auf dem dieser Junge hier
stand und seine gewaltige Schlacht
schlug, allein, ohne Feind jetzt, wo die
anderen Kinder mit dem Anbruch des
Dämmers nach Hause gegangen waren
waren. Mit dem Stock nicht mehr schoss,
sondern ins Leere drosch, Schläge
fingierte und fingierte Schläge parierte,
Schreie für Schmerz und für Zorn ausstieß
mit jedem Hieb, der ihn traf, mit dem er
traf. In den Spiegel focht, bis er es müde
wurde und unbesiegt dann von vorne
begann, seinen Prügel dann in die Büsche
schmiss, das Aufplatschen und Dröhnen
fallender Bomben nachmachte, Luftkrieg,
wild stöhnend mit Sand um sich warf,
dass es aufspritzte überallhin, auch auf
sie, die sich noch immer nicht rührte.

Hier hatte sie Liebe gespielt und Krieg und
sich dann später dann noch zu versichern
gesucht in einer Erkenntnis, die sie, ob
wahr oder falsch oder beides, nur weiter
vertrieb, aus dem alten Paradies in ein
neues, in dem auch kein Bleiben war.

Sie hatte die Zeit messen wollen an der
Geschwindigkeit, mit der der Sand durch
ihren Körper rieselte und durch ihre
Hände. Sie hatte Burgen aus Sand,

Burgen auf Sand gebaut, sie schön
verziert mit Muscheln und
Schneckenhäusern und Blättern von
Rosen, die sie da zufällig fand, mit
Strandhafer, und sie hatte teilnahmslos
zugesehen, wenn die Flut sie sich holte,
sie der Regen verwusch und sie die
Winde verstreuten.
Sie hatte versucht, mit dem Sand zu
rechnen, in dem es nicht Anfang noch
Ende gab, nur zahlreiche Körnchen und
nicht weiter teilbar. Versucht, seinen
Abstand zu kalkulieren zu Wasser und
Luft, die sich in ihm durchdrangen. Sie
wollte die Grenze bestimmen, in der sie
versank, fast versank, und die sie dann
doch überschritt.

Das ist keine Antwort und das ist keine
Lösung.

Jetzt war sie es müde, noch irgendwas zu
begreifen, das Grau im Park als die
Summe der Farben, den Sand in der Kiste
als die Summe der Zeiten und den in ihren
Augen als die Summe der Träume, von
denen sie beim Erwachen schon nichts
mehr wusste, die sich in ihrem Körper
verloren und dort beherrscht werden
mussten den ganzen Tag, um nachts

wieder auszubrechen, völlig unkontrolliert.

Sie war müde und wusste, dass es sinnlos war, hier weiterhin aufrecht zu sitzen oder aufzustehen, das Fallen im Gehen aufzufangen, vorwärts zu laufen, wohin auch immer. Sie war es müde sich zu maskieren und rüsten gegen eine Erinnerung, die doch zurückkehren würde wie alles hier und verschwinden. Es war ja egal. Zumal jetzt, wo sie niemand mehr sah, wo das Dämmer im Westen schon für den Osten nach morgen griff, sich ungehindert durch Bäume und Büsche, durch das hohe Eisengitter um den Park, durch die Fassadenfluchten und Hochhäuser ausbreitete in die Stadt. Jetzt, wo auch der kleine Junge unbewaffnet nach Hause gegangen war und der Sand vor ihr reglos da lag.

Wo sie ganz alleine war mit der Stille in hängenden Gärten und alles bald dunkel sein
würde wie ihr Gedächtnis.

Welche Farben entzogen sich schon in dieses Grau.
Ein Olivgrün, wehrhaft wie das der Papierkörbe hier, die mit Zeitungen,

Plastik, Textilresten und Flaschen gefüllt
doch nicht überquollen auf das exakte
Quadrat der Kieswege und das Regelwerk
der daran gereihten Bänke im selben
Grün, die so gut überlegte wie sinnlose
Anordnung an einem Ort, an dem sich
nichts entschied. Eine Ehrengarde, die
vergeblich wartete auf eine Auszeichnung
oder die Schlacht, eingeschlafen im
Dauerappell nicht bemerkte, wie sie
langsam verrottete, wie sich das Gewebe
der Uniformen zersetzte, wie dieses Grün
in schweigsamer Übereinstimmung mit
dem der Bäume ringsum abblätterte, sich
ablöste von rostendem Eisen und von
verbleichendem Holz.

Welche Farben?
Das letzte Sommerblau verschwand vom
Himmel wie eine Lüge über der Stadt und
würde versuchen, in den Nächten
wiederzukehren im Flimmern des
blauschwarzen Fernseherlichts und noch
mehr in seinem Widerschein auf den
nassen Straßen. Oder im Kobalt und
Indigo, in dem sie malte und schrieb,
immer um dieses Wundmal herum, um es
wie eine Sehnsucht unendlich weit zu
entfernen. Himmel und Meer. Oder wie in
einer Erinnerung an das Ultramarin seiner

Augen, als sie noch offen waren und er
sich nur stellte wie tot. Oder im Spiegel im
Blau ihrer eigenen Augen, das abhängig
vom Licht manchmal nach grün ging,
manchmal nach Grau, je nachdem.

Das Gelb der Sonne auf ihrer Haut in
diesem Sommer hatte sich nachträglich
schon vermischt mit allen Blaus zu dem
Grün, das jetzt fahl wurde und keinen
Schutz mehr gewährte.

Was sich verband in dem Grau, war das
gründliche Schwarz mit dem Weiß ihres
Kleides und seiner verdrehten Augen.

Was sich nicht auflösen ließ, war das
dunkel inwendige Rot. Die einzige Farbe,
in der sie nicht log und die mit dem Licht
nicht verschwinden konnte, weil es sie
nicht berührte.

An das Schwarz und das Rot wollte sie
sich erinnern, aber es hatte keine
Geschichte. So wenig wie sie selbst, die
sich in alte Mythen las, um irgendwo einen
Anfang wiederzufinden für das, was
immer geschah und wogegen sie sich
nicht zu wehren wusste. Sie suchte aber
nicht wirklich, zog sich nur fremde Namen

an wie ein Kleid, verbarg sich in ihnen, um
nur nie sagen zu müssen, was sie nicht
konnte: Ich.
Sie verlas sich an ferne Gestalten, um ihr
Gedächtnis zu füllen, schlug andere
Schlachten, um die Distanz zu wahren,
sich eben in dem zu entziehen, was sie
betraf, las sie.

Bei Tag und bei Nacht.

Den Mund voller Asche und Dunst, Sand
und Schweigen, saß sie da immer in
ihrem klein-kalten Zimmer und arbeitete
unermüdlich an ihrer Verteidigungsschrift,
Rechtfertigungen für eine ihr nicht
bekannten Schuld, spielte abwechselnd
Kläger, Anwalt und Richter, fingierte den
großen Prozess, um ihn zu verhindern.
Warf sich ins Getümmel der Sprachen,
spann sich Fangnetze und doppelte
Böden, ließ an verschlungenen Wortfäden
die Puppen tanzen im Carneval. Hatte
ernstlich vor, eine Formel zu finden, eine
rettende Frage, einen versichernden Satz,
ein Wort, das die Seele gesund macht.

Und wusste doch, dass es nicht
aussprechlich war und nicht da, dass sie
die Frage nicht stellen durfte und es nie

eine Antwort gegeben hatte: Vater, warum hast du mich verlassen?

Sorry, the person you'r calling, is temporally not available.

Vergieb mir deine Schuld.

Und erzähle mir Vater, noch einmal das Märchen von deiner Tochter, die Prinzessin sein wollte, schlafend und unantastbar schön, erzähle es mir, damit ich es wieder mit deiner Stimme verbinde. Du weißt, die Geschichte, an die du damals dachtest, als du mich gesehen hast in Mutters Kleidern, grell und ungeschickt geschminkt, bis an die Knöchel versunken in ihren feinen, hochhackigen Schuhen schwankend vor dem Spiegel in eurem Schlafzimmer stehen.
Wer war die fremde Frau, die mich da hochnäsig aus dem gerahmten Glas an der Wand anblickte und neben deren Gesicht ganz plötzlich das deine auftauchte, als du hinter mir durch die Tür in den hell erleuchteten Raum tratest.
Du bist zu Tode erschrocken über das verzerrte Abbild der Frau, die du liebtest, hast schweigend das Zimmer verlassen,

in dem du mich gezeugt hast mit ihr.
Erzähle mir endlich, was ich doch weiß
und was du mir damals nicht sagen
konntest, nicht sagen durftest.
Wenn du gesprochen hättest, anstatt dich
stumm zurückzuziehen in deinen Tod,
wenn du uns nicht allein gelassen hättest
mit deinen wortlos im Raum, nicht zu
Ende gedachten Gedanken, dann hätte
ich die Mutter, die Frau, die mich da
befremdet anstarrte aus dem Spiegel,
dann hätte ich sie erreichen können über
dich.
Aber du hast dich entsetzt und plötzlich
sehr müde entzogen.
So stand ich da einsam und hilflos
maskiert noch eine Stunde, noch einen
Tag und etliche Jahre und habe auf den
Prinzen gewartet, der dich zum König
machen sollte.
Erzähle mir, Vater, noch einmal das
Märchen, damit ich es wieder mit deiner
Stimme verbinde.

Der Park lag jetzt völlig im Dunkel. Es war
ganz still, nur ein erster Herbstwind strich
durch die Blätter und über die Bank, auf
der sie gesessen war.

Wie in ferner Folge sanft über die Saiten
C A Dis H.